O Caminho da Virtude

JAMES VOLLBRACHT

O Caminho da Virtude

A Antiga Sabedoria de Confúcio
Adaptada para os Dias de Hoje

Tradução
ROBERTO ARGUS

EDITORA PENSAMENTO
São Paulo

Título do original:
The Way of Virtue

Copyright © 1998 Humanics Ltd., Atlanta, Georgia, USA.

Publicado mediante acordo com Humanics Publishing Group, Atlanta, GA, USA.

Todos os direitos reservados. Nenhuma parte deste livro pode ser reproduzida ou usada de qualquer forma ou por qualquer meio, eletrônico ou mecânico, inclusive fotocópias, gravações ou sistema de armazenamento em banco de dados, sem permissão por escrito, exceto nos casos de trechos curtos citados em resenhas críticas ou artigos de revistas.

O primeiro número à esquerda indica a edição, ou reedição, desta obra. A primeira dezena à direita indica o ano em que esta edição, ou reedição, foi publicada.

Edição	Ano
1-2-3-4-5-6-7-8-9	00-01-02-03-04-05

Direitos de tradução para a língua portuguesa
adquiridos com exclusividade pela
EDITORA PENSAMENTO LTDA.
Rua Dr. Mário Vicente, 374 — 04270-000 — São Paulo, SP
Fone: 272-1399 — Fax: 272-4770
E-mail: pensamento@cultrix.com.br
http://www.pensamento-cultrix.com.br
que se reserva a propriedade literária desta tradução.

Impresso em nossas oficinas gráficas.

*Dedicado à memória do Mestre
e a todos os que ouvem o chamado da Grande Escola.*

Títulos dos Capítulos

Parte I: Os Princípios da Grandiosidade 17
   Sinais dos Tempos 18
   O Nascimento do Rei sem Coroa 22
   A Fundação da Grande Escola 24
   A Escola Itinerante 26
   A Essência do Aprendizado 28

Parte II: Lições da Grande Escola, Cerca de 500 a.C. 31
**Lições sobre a Importância de uma Educação
Baseada na Virtude** 33
   Os Princípios da Educação 34
   A Verdadeira Educação 36
   O Poder de uma Educação Baseada na Virtude 38
   Sobre o Verdadeiro Aprendizado 40

**Lições sobre o Poder da Pessoa Virtuosa para Transformar
o Mundo, ou Os Seis Círculos de Influência** 43
   Como a Virtude, Semelhante à Ondulação
   Produzida por um Seixo Lançado ao Lago,
   Propaga-se por Toda a Vida 44
   Como uma Pessoa Virtuosa Pode Mudar o Mundo 46
   O Poder de Ficar no Meio 48
   A Pessoa Moral 50

Lições sobre o Poder de uma Família Virtuosa 53
   A Família Virtuosa 54
   Os Relacionamentos da Família com o Governo 56
   No que Diz Respeito à Juventude 58
   Venerando os Anciãos 60

Lições sobre a Importância de Líderes Virtuosos 63
   O Caráter do Líder 64

A Virtude dos Líderes 66
A Virtude do Líder 68
Se o Bom Viesse a Governar 70

Lições sobre a Importância de uma Nação Virtuosa 73
Sobre a Virtude de uma Nação 74
O Sentimento do que é Certo 76
Virtude e Poder 78
A Importância da Liberdade 80

Lições sobre a Onipresença da Virtude no Universo 83
A Onipresença da Lei Moral 84
O Estudo mais Elevado 86
Sobre a Verdade Absoluta 88
A Grande Harmonia 90

Lições sobre o Poder dos Atos Virtuosos Cotidianos 93
O Poder das Pequenas Ações 94
A Elevada Consideração da Bondade 96
O Poder do Invisível 98
O Tema Central 100

Lições sobre o Poder da Música, do Ritual e das Boas Maneiras para Cultivar a Virtude 103
O Poder do Ritual e da Música 104
O Efeito Transformador das Boas Maneiras 106
A Voz Interior da Alma 108
Como o Ritual e a Música Podem Produzir Harmonia 110

Lições sobre o Caminho da Virtude 113
Por que a Virtude é o Verdadeiro Poder 114
O Padrão Imutável 116
A Força Impulsora da Virtude 118
O Caminho Pessoal 120
O Estudo da Virtude 122

Lições sobre a Descoberta de Si Mesmo 125
    As Três Perguntas 126
    Em Épocas de Perigo 128
    Conquistando o Nosso Eu Apenas por um Dia 130
    Sobre a Responsabilidade Pessoal 132
    Sobre Virtude e Nuvens Brancas 134

PARTE III: O FINAL QUE SE TORNOU UM COMEÇO 137
    O Reaparecimento do Unicórnio Sagrado 138
    As Últimas Palavras de Kung-fu-Tze 140
    O Legado de Kung-fu-Tze 142

Nota sobre as Ilustrações

Por volta de 700 a.C., um famoso artista da dinastia Tang criou ilustrações que representavam eventos da vida de Kung-fu-Tze. Esses desenhos foram "aperfeiçoados" por sucessivas gerações de artistas, até que, em meados de 1700, 100 pequenas placas de pedra foram gravadas e guardadas no grande Templo de Confúcio, em Chufu, Shantung. As ilustrações contidas neste livro foram reproduzidas a partir dessas plaquetas. A população em geral e peregrinos do Templo também costumam comprar cópias desses mesmos desenhos.

A tela decorada que muitas vezes aparece por trás de Kung-fu-Tze é um recurso tradicional dos artistas chineses para atrair a atenção para a figura principal da cena. Confúcio sempre é retratado com barba, como sinal de respeito, mesmo que a cena se refira a um evento de sua juventude.

A casa de Confúcio ainda existe, embora tenha sido ampliada e reformada inúmeras vezes. Seus descendentes, mais de 77 gerações, habitaram esse elaborado complexo por mais de 2.500 anos. A modesta cabana onde Confúcio viveu foi ampliada até chegar aos atuais 38 suntuosos salões.

Discípulos do Mestre Kung-fu-Tze

1. Ch'en K'ang.
2. Ch'i'tiao K'ai: um homem modesto.
3. Ch'in Chang.
4. Chung Yu: bravo soldado educado pelo Mestre.
5. Chu Yuan: antigo alto funcionário do governo.
6. Fan Hsu: jovem soldado.
7. Fu-Pu-Ch'i.
8. Jan Ch'iu: retirou-se, cedendo à cobiça e ao poder militar, obtendo a desaprovação do Mestre.
9. Jan Keng: graças à influência do Mestre, chegou a governar uma cidade.
10. Jan Yung: conhecido pelo seu bom caráter.
11. Ju Pei: insultou tanto o Mestre que este nunca mais o recebeu.
12. Kao Ch'ai: embora de baixa estatura e feio, teve grande mérito e capacidade, chegando a ser nomeado governador de uma cidade por influência de Chung Yu.
13. Kung-hsi Ch'ih: famoso por seu grande conhecimento dos ritos tradicionais.
14. Kung-yeh Ch'ang: injustamente aprisionado quando jovem, o Mestre lhe ofereceu a filha em casamento.
15. Kung-po Liao: caluniou Chung Yu.
16. K'ung Li: filho do Mestre.
17. Lin Fang.
18. Min Sun: conhecido por sua pureza.
19. Nan-kung Kua: o Mestre lhe ofereceu sua sobrinha como noiva. Evitou que um incêndio destruísse a biblioteca do Duque Ai, assim salvando os Anais da Dinastia Chou e outras obras importantes.
20. Pu Shang: teve uma vida bastante longa.
21. Shen Ch'eng: passional e enérgico.
22. Ssu-ma K'eng: irmão de um funcionário do governo que tentou fazer com que o Mestre fosse assassinado.

23. Tan-t'ai Mieh-ming: no início, sua excessiva feiúra causava repulsa ao Mestre, porém, mais tarde, ele mesmo teve 300 discípulos.
24. Tsai Yu: o Mestre sentiu-se envergonhado com o partido que ele tomou em uma revolta.
25. Tseng Shen: um dos discípulos mais famosos. Tinha nobreza, dignidade, virtude inabalável e aparência agradável. Compôs o Clássico da Piedade Filial, bem como (provavelmente) dez volumes do Livro dos Ritos.
26. Tsen Tien: amante de diversões pacíficas.
27. Tuan-mu Tzu: ascendeu da pobreza à riqueza por esforços próprios e chorou durante seis anos no túmulo do Mestre enquanto os demais discípulos prantearam-no por três anos.
28. Tuan-sun Shih: humilde e aplicado.
29. Tzu-fu Ching-po: alto funcionário do governo.
30. Wu-ma Shih.
31. Yen Hui: discípulo famoso. Grisalho aos 29 anos em conseqüência dos estudos. Morreu antes do Mestre, que o pranteou apaixonadamente.
32. Yen Wu Yao: originário de uma família pobre.
33. Yen Yen: provocou mudanças em seu povo pela educação, sendo muito elogiado pelo Mestre.
34. Yu Jo: sua boa memória, seu amor pela antigüidade e sua personalidade amável contribuíram para que se tornasse extremamente amado e famoso.
35. Yuan Hsien: conhecido por sua pureza de propósitos, modéstia e alegria, mesmo na pobreza.

CRONOLOGIA

As datas referem-se ao período a.C.

2356 (aprox.): Imperador Yao e Imperador Shun, os primeiros regentes notáveis, bons e em parte míticos.
1122 (aprox.): Dinastia Chou, fundada pelo Rei Wu, filho do Rei Wen, ambos muito admirados por Confúcio.
625 - 549 (aprox.): Cheng K'ao Fu, pai de Confúcio.
551: Nascimento de Confúcio.
549: Morte do pai de Confúcio.
532: Casamento.
530: Fundação da Grande Escola.
529: Morte da mãe de Confúcio.
518: Visitou a capital e provavelmente conheceu Lao-Tzu.
485: Morte da esposa de Confúcio.
482: Morte do filho de Confúcio.
481: Morte de Yeh Hui, um amado discípulo.
480: Morte em batalha de Chung Yu, corajoso discípulo soldado.
479: Morte de Confúcio.

O Caminho da Virtude

Os Princípios da Grandiosidade

Sinais dos Tempos

As ruas são perigosas. Por todo o país formaram-se quadrilhas. As portas estão trancadas em todos os lugares. O povo não confia de modo nenhum em seus líderes. Clama-se por um cumprimento mais rigoroso das leis e por sentenças mais longas. Litígios em número sempre elevado. Dinheiro e recursos retidos nas mãos de poucos. A música contemporânea é barulhenta e colérica. O sistema educacional parece funcionar apenas para os filhos dos privilegiados e poderosos. Há notícias sobre genocídios em terras não muito distantes. Exércitos em constantes manobras. As fronteiras estão sendo alteradas por diplomatas, que se esgueiram de uma arena a outra, formando alianças improváveis e alterando planos de ação em curso. Alguns reivindicam a volta dos princípios éticos e morais, mas seus brados se perdem na cacofonia das mudanças. Toda a vida parece à beira do caos.

Isso lhe parece familiar?

Esse cenário ocorreu há 2.500 anos, na China de 500 a.C. Depois de um século de tempos relativamente pacíficos, a nação, de algum modo, perdera o rumo. Os nobres, desesperados para manter o controle e o sentido de ordem, acreditavam que a resposta a todos os seus problemas estava em consolidar seu poder, exigir impostos elevados e impor severas penas a quem violasse a lei. O povo, já sobrecarregado de impostos, via a riqueza gravitando entre as mãos de uns poucos e o sistema educacional só funcionava para a elite. As pessoas começaram a se retirar para suas casas, sentindo-se impotentes, privadas de seus direitos e isoladas. A civilização estava à beira do caos. À proporção que os rumores de revolução se propagavam pelas praças, e com o aumento dos atos esporádicos de violência, surgiram novas religiões. Alguns ansiavam por um salvador, outros só pensavam em salvar a si mesmos. Eram tempos cheios de tensão e a crise imperava soberana.

Nesse momento crítico, um dos homens mais notáveis da história apareceu. Vendo a crise como "uma situação perigosa", propôs uma solução que sanaria os males do país. O remédio era simples. Ele ensinou que de nada adiantaria toda aquela legislação, as promessas políticas, a reorganização, os programas sociais e o despertar do fervor religioso, sem a presença de um elemento fundamental: a Virtude. Ele considerava a virtude (Te) a suprema força do universo. Declarou que se o indivíduo primeiramente adquirisse virtude, poderia transformar sua família, sua comunidade, as nações e o mundo. Ensinou que a virtude estava à disposição de todos, independentemente da posição social, e que, uma vez incorporada à alma e tornando-se um modo de ser, tudo no seu caminho seria transformado. Ele acreditava que a alma estava inextricavelmente vinculada ao restante da vida e que o aumento do número de pessoas virtuosas finalmente levaria ao surgimento de uma poderosa massa crítica no seio da comunidade e da cultura; massa crítica cujo poder e força impulsionariam a cultura a novos níveis nas artes, na ciência, na religião, no comércio e no padrão de vida.

Segundo seus ensinamentos, quem desejasse mudar a sociedade deveria primeiro olhar para dentro de si, adquirindo virtude pessoal. Para ele, o mais poderoso agente revolucionário disponível era a virtude pessoal. Ele explicou que, quem seguisse o caminho da virtude, seguiria a senda do verdadeiro poder pessoal.

1.500 anos depois da morte desse homem, monges jesuítas em viagem através da China ficaram tão impressionados com o impacto dos ensinamentos e com a amabilidade da população, que recomendaram sua canonização pelo Vaticano! Posteriormente, enquanto as guerras religiosas assolavam a Europa do século XVIII, intelectuais e filósofos, surpresos com a simplicidade desse modelo social, propuseram o seu uso por todo o continente europeu.

Agora, transcorridos 200 anos, a essência da mensagem foi perdida. A riqueza das palavras e a profundidade dos ensinamentos destinados a imperadores e camponeses foram exiladas do conhecimento comum e reduzidas a respingos de sabedoria em biscoitinhos da sorte. Esquecida durante tanto tempo, sua mensagem espera, como uma orquídea protegida, ser descoberta e levada à plena floração.

O que ele ofereceu há 2.500 anos foi um remédio destinado a curar a alma das pessoas e das nações.

Conhecido por seus compatriotas como Kung-fu-Tze, hoje em dia é chamado de Confúcio. Embora seu nome seja imediatamente identificado pela maioria dos ocidentais, poucos conhecem detalhes de sua vida ou do grande impacto de seus ensinamentos, que salvaram uma cultura do caos. Quando lembrado, é citado de forma bastante divertida em "biscoitinhos da sorte". Infelizmente, quando apresentadas desse modo, as palavras parecem estranhamente arcaicas, com pouca ou nenhuma relevância para a vida moderna. Nada poderia estar mais distante da verdade. Seus ensinamentos, quando examinados com seriedade, são reconhecidos como profundas expressões do espírito humano. A universalidade de sua mensagem, quando compreendida segundo o contexto das lições, é capaz de produzir uma satisfação infinita, tanto pessoal quanto nacional, nos que se esforçam para trilhar o mesmo caminho.

Uma das pessoas mais notáveis a pôr os pés neste planeta foi um revolucionário revestido de tradição. Também foi um livre-pensador que evocou a sabedoria do passado e, ao mesmo tempo, um individualista radical que promoveu o bem da comunidade. Ele era um enigma para a maioria. Não tentou fundar uma religião. Não organizou um exército; mas transformou o maior país do mundo ao fundar uma escola! Sua escola ensinava que virtude (Te) era poder, que moralidade era a lei universal da vida e que, quando o indivíduo vivia em harmonia com as forças da moral e da virtude, ascendia naturalmente rumo a um bem maior. Esta é a história de alguém cuja presença marcante e ensinamentos são tão relevantes nos dias de hoje quanto o foram no passado.

O Nascimento do Rei
sem Coroa

Quando os viajantes cruzaram o interior do país aproximadamente em 579 a.C., deixaram no percurso histórias sobre um estranho nascimento na província de Lu.

— Estão dizendo — sussurravam excitados os integrantes das caravanas — que houve um nascimento milagroso! Um nascimento que mudará o curso da história!

Quando os curiosos habitantes dos vilarejos se aproximavam para ouvir, os membros das caravanas continuavam:

— Contam que a mãe da criança teve um sonho profético. Nesse sonho, três sábios e um unicórnio alvíssimo apareceram à sua frente. O unicórnio depôs uma bela peça de jade aos pés dela. Inscritas no jade estavam as palavras "Seu Filho Será Um Rei Sem Coroa".

Alguns reviraram os olhos em sinal de incredulidade, outros deram de ombros com indiferença. Histórias como essa eram freqüentes naqueles tempos atribulados. Aos que ainda permaneciam no local, os viajantes contavam:

— Há quem acredite que uma música celestial preencheu a gruta onde a jovem mãe estava em trabalho de parto, e que seres celestiais a ajudaram das nuvens durante toda a noite!

Nesse momento, alguns riram e zombaram ante tal possibilidade. Outros, secretamente, guardaram no coração a esperança de que o Paraíso os tivesse abençoado com o nascimento de um sábio.

A Fundação da Grande Escola

Com o passar dos anos, as histórias desse nascimento milagroso foram esquecidas. Os exércitos se multiplicavam. Os impostos aumentavam constantemente. O sistema inchava e parecia prestes a explodir.

Repentinamente, espalhou-se pelas províncias que uma "Grande Escola" estava sendo fundada pelo homem que nascera na gruta da montanha, e as lembranças da profecia ressurgiram.

Primeiro, Kung-fu-Tze levou sua mensagem aos nobres. Ele acreditava que, se acolhessem seus ensinamentos, a população os seguiria naturalmente. Rejeitado publicamente pelos nobres e ridicularizado em particular, Kung-fu-Tze voltou-se para o povo. Logo se propagou a notícia de que não existia escola semelhante àquela.

Muitos vieram para a Grande Escola por simples curiosidade. Outros queriam saber como usar aqueles ensinamentos em seu próprio benefício. Mas alguns, sentindo seu coração clamar e ansiar por algo maior, abandonaram seus povoados e fazendas, com a esperança de acharem um remédio para os problemas da época.

Quando os discípulos chegavam à Grande Escola, ficavam perplexos. Encontravam um homem jovem, alto, reservado, carregando consigo, onde quer que fosse, um instrumento semelhante a um alaúde. Para a maioria, não parecia nem sábio nem iluminado. Entretanto, quando finalmente começava a falar, esses discípulos ficavam extasiados. O homem falava sobre virtude. Sobre poder. Evocava a sabedoria e a presença do Grande Duque de Zhou e dos que viveram durante a Era Dourada da Terra de Chin. Pedia que seus discípulos extraíssem o melhor do passado e criassem uma imagem do futuro, que haveria de fazer toda a cultura ascender.

Quando os discípulos se reuniam ao seu redor, falava sobre a criação de uma comunidade que trataria todos com respeito mútuo. Apelava para que aspirassem à perfeição e vivessem segundo a Regra Dourada. Prometia-lhes que, se primeiro transformassem a si mesmos, seguindo o caminho da virtude, transmitiriam ondas de mudanças às suas famílias, à comunidade, à nação e ao mundo.

A Escola Itinerante

Viajando de povoado a povoado, Kung-fu-Tze levou sua mensagem ao povo. Por uma oferenda tão simples quanto uma tigela de arroz, os estudantes podiam participar das lições da Grande Escola. Muitos discípulos novos se uniram à escola depois de ouvirem as palavras do Mestre.

Em suas jornadas pela região rural, os discípulos carregavam um estandarte com a inscrição do pictograma "SHU". Quando cruzavam com fazendeiros e camponeses cumprindo suas tarefas diárias, Kung-fu-Tze queria que todos soubessem que eles não eram um exército em manobras, tampouco funcionários em viagem para resolver assuntos do governo. Kung-fu-Tze queria que todos soubessem que se tratava de uma escola, uma escola que desfraldava o estandarte universal da paz. Essa escola estava aberta a todos os sinceros buscadores do conhecimento e da iluminação e, para onde quer que viajassem, a declaração de seu propósito os precedia. A população olhava-os com curiosidade e surpresa porque o pictograma "SHU" é a combinação de dois símbolos que incorporam "coração" e "semelhante". Juntos, significam "meu coração responde ao seu".

A Essência do Aprendizado

Antes de cada lição, Kung-fu-Tze tocava acordes tranqüilizadores no alaúde que levava sempre consigo. Suas lições deveriam ser absorvidas. Suas palavras pretendiam ser sementes que lentamente se transformariam em ações. Ele considerava uma conquista muito maior se os discípulos escolhessem apenas uma das virtudes que ele lhes transmitia e a regassem diariamente, em vez de memorizarem todas as suas palavras sem colher quaisquer frutos. Para Kung-fu-Tze, o mundo era uma sala de aula e suas lições deveriam ser aplicadas à vida.

A cada aula seguia-se uma prolongada discussão. Ele incentivava perguntas.

— Mestre — indagavam os alunos —, como a virtude pode ser aplicada a todos os estudos? A virtude é mesmo a força mais poderosa do mundo? Qual a relação entre virtude e alma? É possível ser religioso sem ser virtuoso? Qual o compromisso do regente para com o povo? Qual a virtude mais importante? Quais os papéis da música, da poesia e da solenidade no desenvolvimento da cultura?

Kung-fu-Tze ouvia atentamente essas perguntas. E ficava muito satisfeito quando as discussões continuavam, porque acreditava que debates criavam alquimia.

O que se segue são só algumas lições amealhadas aos pés do Mestre Kung-fu-Tze.

Lições da Grande Escola
CERCA DE 500 A.C.

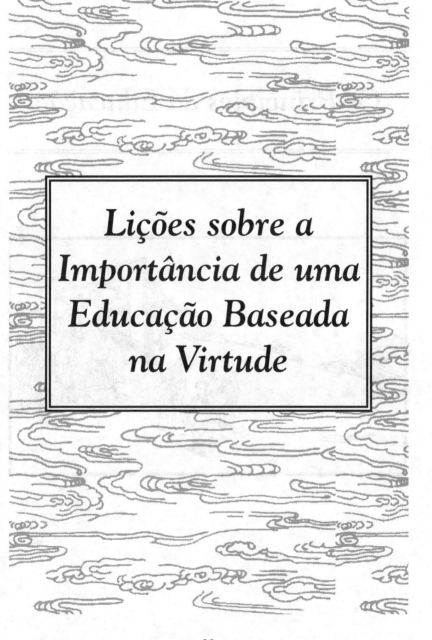

Lições sobre a Importância de uma Educação Baseada na Virtude

Os Princípios da Educação

Muitos vieram para a grande escola sem uma educação formal. Freqüentemente, esses estudantes queriam saber se estavam escolhendo o curso de ação correto.

— Mestre — o aluno disse —, muitos julgam que uma educação como a sua é desnecessária. Dizem que tudo o que se precisa saber pode ser aprendido nos campos. Por que o senhor acredita que a educação é tão importante? Não podemos aprender as mesmas lições com a experiência da vida?

Enfiando a mão em sua bolsa, Kung-fu-Tze tirou de lá um belo pedaço de jade esculpido e, enquanto o revolvia na mão, disse:

— Um pedaço de jade não pode se tornar um objeto de arte sem ser cinzelado; uma pessoa não pode conhecer os grandes princípios sem a educação. Por esse motivo, os antigos reis consideravam a educação como o primeiro fator importante em seus esforços para estabelecer ordem num país.

— Diga-nos, Mestre — o aluno replicou —, quais os grandes princípios que deveriam ser ensinados?

Claramente satisfeito em responder à pergunta, o Mestre disse com profunda reverência:

— Os grandes princípios que deveriam ser ensinados são os mesmos que você vê a sua volta. Observe como o Céu dialoga com a Terra; como o trovão conversa com as montanhas; como o fogo responde ao vento. Dentro deles, existem uma ordem e harmonia naturais. Dentro deles estão os grandes princípios da educação.

A Verdadeira Educação

Muitas vezes, os discípulos que se sentavam aos pés do Mestre não lhe compreendiam os métodos. Kung-fu-Tze acreditava que a alma, como um jardim, precisava primeiro ser cultivada para que a colheita fosse abundante. Muitos discípulos ficavam impacientes com essa conduta.

— Mestre — um novo aluno perguntou um dia —, muitos de nós viemos de longe para ouvir seus ensinamentos sobre um novo caminho. Mas freqüentemente nossas primeiras lições consistem mais em poesia e canções do que em palavras. O senhor nos incentiva a tocar um instrumento musical, a cantar canções antigas e a memorizar e escrever poesia. Diga-nos, Mestre, por que isso?

Fitando o discípulo com um olhar penetrante, Kung-fu-Tze respondeu:

— Uma verdadeira educação baseada na virtude começa com a poesia, é fortalecida pela conduta apropriada e é consumada com música.

O Poder de uma Educação Baseada na Virtude

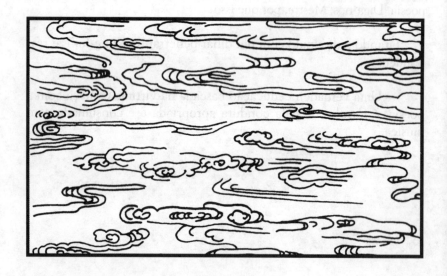

— Mestre — disse um discípulo certo dia —, quando observo a nossa sociedade, vejo muitas formas de divisão. Há o rico e o pobre. Os nobres e o povo. Há os comerciantes e os oficiais. Quantas formas de divisão, hostilidade e dúvida! Como isso algum dia mudará?

O Mestre calmamente respondeu:

— Quando todas as pessoas são educadas, a distinção entre as classes desaparece!

O estudante, ainda perplexo, disse:

— Essas formas de divisão existem há centenas de anos. Por onde devemos começar?

Lentamente, o Mestre colocou a mão sobre o peito. A mensagem era clara.

Sobre o Verdadeiro Aprendizado

Um antigo discípulo da Grande Escola estava de pé às margens de um rio, atirando com ar desanimado pedras que desapareciam nas águas fundas. Kung-fu-Tze estava atrás dele, sem ser notado, havia algum tempo. Finalmente, o Mestre perguntou:

— Min-Sun, o que há de errado?

Surpreendido, Min-Sun voltou-se para o Mestre. Controlando-se, disse:

— Mestre, não importa o afinco com que estudo, ainda luto com os preceitos do seu grande ensinamento. Não sou tão sábio quanto os outros aqui, mas amo verdadeiramente os seus ensinamentos. Tenho medo de não ter sido um bom discípulo porque não aprendi muitas coisas.

Sorrindo para seu discípulo, Kung-fu-Tze respondeu com estas palavras comoventes:

— Se uma pessoa afasta sua mente do amor pelo mundo e a aplica sinceramente ao amor pelo virtuoso; se ao servir seus pais pode exercer sua força máxima; se, na relação com os amigos, suas palavras são sinceras; ainda que os homens digam que ele não aprendeu, eu certamente direi que aprendeu!

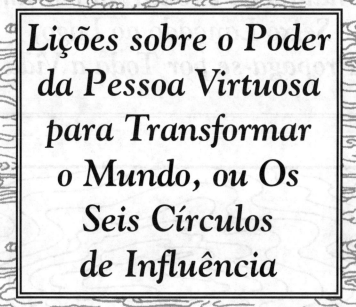

Lições sobre o Poder da Pessoa Virtuosa para Transformar o Mundo, ou Os Seis Círculos de Influência

Como a Virtude, Semelhante à Ondulação Produzida por um Seixo Lançado ao Lago, Propaga-se por Toda a Vida

— Mestre — perguntou um novo discípulo da Grande Escola —, tentei explicar seus ensinamentos a amigos meus, mas eles só fazem revirar os olhos em sinal de incredulidade. Não compreendem como uma pessoa pode exercer impacto tão grande sobre o mundo. Não acreditam que, incorporando a virtude, conseguem afetar o fluxo entre Céu e Terra. Mestre, como podemos explicar isso da melhor forma àqueles que não vêem nenhuma relação entre eles mesmos e o mundo à sua volta? Como ensinar que, quando se adquire virtude, adquire-se verdadeiro poder pessoal?

Kung-fu-Tze sorriu. O estudante perguntou um dos maiores segredos dos antigos. Na verdade, toda forma de vida está ligada uma à outra! Sim, o caminho da virtude é o verdadeiro caminho para o poder pessoal. Além disso, é muito fácil esquecer o poder da pessoa para efetuar a mudança.

Pegando de seu cajado, Kung-fu-Tze desenhou na areia círculos dentro de círculos, à medida que ensinava esta lição:

— Quando os antigos queriam exemplificar a virtude por todo o reino, primeiro organizavam seus próprios Estados. Desejando organizar bem seus Estados, primeiro orientavam suas famílias. Desejando orientar suas famílias, primeiro cultivavam sua personalidade. Desejando cultivar sua personalidade, primeiro mudavam seus corações. Desejando mudar seus corações, primeiro buscavam a sinceridade em seus pensamentos. Desejando a sinceridade em seus pensamentos, primeiro buscavam o verdadeiro conhecimento dentro da alma.

Fitando os círculos, a luz da compreensão começou a brilhar nos olhos do discípulo. Antes que outra pergunta lhe fosse apresentada, o Mestre continuou:

— Tendo buscado o verdadeiro conhecimento na alma, eles tornaram seus pensamentos sinceros. Com os pensamentos sinceros, seu coração foi mudado. Com o coração mudado, sua personalidade se transformou. Com a personalidade transformada, sua família ficou bem orientada. Com a família bem orientada, os Estados foram governados devidamente. Dessa forma, o reino ficou em paz.

Tendo terminado, o Mestre levantou-se e foi-se ocupar de seu trabalho. O discípulo, embevecido pelo ensinamento, fechou os olhos e meditou as palavras de Kung-fu-Tze.

Como uma Pessoa Virtuosa Pode Mudar o Mundo

— Mestre — disse um discípulo de uma pequena vila em uma província distante —, quanto mais ouço as suas lições, mais estimulantes elas são e mais me parecem verdadeiras. Muitos de nós viemos de ambientes modestos e humildes. Somos fazendeiros e filhos de comerciantes. Os nobres vêm e ouvem, mas não ficam. Como podemos nós, provindos de posições humildes na vida, mudar verdadeiramente a grande ordem social? Somos insignificantes no grande intercâmbio entre o Céu e a Terra!

A seguir, arrumando-se, perguntou com grande expectativa:

— Mestre, podemos realmente fazer diferença ou estamos desperdiçando nosso tempo?

Kung-fu-Tze compreendeu a questão muito bem. Percebeu que seus discípulos não tinham exemplos visíveis que equiparariam a virtude ao poder. Nem haviam compreendido como era poderoso o impacto que uma pessoa com uma vida virtuosa e moral exerce sobre o mundo. Contudo, alguma coisa os atraiu à Grande Escola. Eles vieram em busca de conhecimento para crescer, um conhecimento cujas sementes eram esperança e verdade. Respirando profundamente, Kung-fu-Tze mediu com cuidado suas palavras quando disse:

— A pessoa virtuosa leva uma vida moral e a cultiva incessantemente segundo um princípio. Os hábitos da pessoa virtuosa são discretos e, no entanto, crescem em poder e evidência. A pessoa virtuosa sabe que a realização de grandes coisas consiste em fazer bem as pequenas coisas. Sabe que os grandes efeitos são produzidos por pequenas causas.

Alguns discípulos começaram a assentir com a cabeça. Eles compreenderam. Com um aceno de mão, o Mestre confirmou suas maiores esperanças quando disse:

— Portanto, é a pessoa virtuosa que, vivendo uma vida de verdade e sinceridade simples, pode, sozinha, ajudar a modificar o mundo.

O Poder de Ficar no Meio

Depois de visitar cortes de nobres e ouvir seus intermináveis acordos, negociações e comprometimentos, um discípulo desanimado que, vindo de longe, chegara havia pouco tempo à Grande Escola, falou abruptamente:

— Mestre, há demasiada corrupção e intriga nas cortes. Como é possível que alguém da corte trilhe um caminho virtuoso e moral? Como pode-se manter o valor de Chun Tzu de quem o senhor tanto fala?

— Ah — Kung-fu-Tze respondeu com um lampejo nos olhos —, você fala do Caminho do Meio!

— O Caminho do Meio? — perguntou o estudante intrigado. — Mestre, mostre-nos como isso é possível. — Meneando a cabeça, Kung-fu-Tze respondeu:

— Quem segue o Caminho do Meio ao lidar com os outros não procede de modo vil ou impróprio. Como seu valor é inflexível! Eles permanecem no meio e não se inclinam a lado algum. Os que seguem o caminho do meio não se envolvem numa situação onde não possam ser verdadeiros com eles mesmos. Se estiverem numa posição elevada, não tratam os que estão abaixo com desprezo; se ocupam uma posição inferior, não fazem uso de estratagemas para receber favores dos superiores. Eles se corrigem e não culpam os outros; não se sentem insatisfeitos. Por um lado, não se queixam ao Céu; nem, por outro lado, guardam ressentimentos em relação ao homem. Portanto, os que seguem o Caminho do Meio permanecem tranqüilos, aguardando a vontade do Céu.

A Pessoa Moral

— Mestre — falou abruptamente um discípulo que acabara de chegar de muito longe à Grande Escola. — Ouvi dizer que o senhor ensina o caminho de Chun Tzu, o caminho da pessoa superior!

Kung-fu-Tze olhou fixamente o novo aluno e um ligeiro sorriso formou-se nos seus lábios. Um interesse desse tipo era para ser encorajado. Kung-fu-Tze assentiu com a cabeça e o aluno continuou: — Diga-me como tornar-se o ideal, aquele que o senhor chama de Chun Tzu! Assentindo novamente, Kung-fu-Tze respondeu:

— Para se tornar um Chun Tzu, em primeiro lugar é preciso ser verdadeiro para consigo mesmo. O Chun Tzu leva uma vida moral e cultiva incessantemente seu próprio eu ou seu ser moral.

Agora era a vez do estudante sorrir. — Sim — pensou —, essa é a razão por que viajei de tão longe e por tanto tempo para estar aqui. Finalmente encontrei alguém que fala com sabedoria e autoridade.

— Mestre — o estudante continuou —, ouvi que não há nada que Chun Tzu reverencia, é verdade?

Kung-fu-Tze lentamente balançou a cabeça e respondeu:

— Há três coisas às quais Chun Tzu reverencia. Ele reverencia a ordem do Céu. Reverencia o grande homem. Reverencia as palavras dos sábios.

— Mestre — o discípulo continuou —, o senhor pode aspirar a ser esse homem, mas, e quanto a nós? Como é possível que qualquer um de nós se torne alguém tão nobre?

Kung-fu-Tze rapidamente corrigiu o discípulo, dizendo: — Qualquer um pode ser um Chun Tzu. É preciso apenas decidir ser um.

Lições sobre o Poder de uma Família Virtuosa

A Família Virtuosa

Uma tarde, Kung-fu-Tze disse a seus discípulos para observarem o movimento das famílias pelo mercado. Vendo famílias de todos os tamanhos e tendências, notaram que alguns pais puxavam os filhos pelo braço para apressá-los no caminho, e que outros ignoravam os filhos enquanto terminavam suas compras. No transcurso do dia, seus olhares se firmaram sobre uma família que caminhava em meio à multidão. Prosseguindo nem muito depressa nem muito devagar, moviam-se com grande harmonia e dignidade. Era óbvio que o elo entre eles era de amor. Salientando o fato para seus discípulos, Kung-fu-Tze sorriu quando disse:

— Do amoroso exemplo de uma família, o amor se irradia pelo Estado; sua cortesia se torna a cortesia do Estado.

Os Relacionamentos da Família com o Governo

Quando Kung-fu-Tze estava tentando instruir um nobre sobre a importância da virtude e do cultivo da alma, o nobre o interrompia continuamente para falar sobre sua família.

— Minha mulher está sempre irritada — reclamava. — Meu filho é desobediente e minha filha flerta com os da corte! Dei-lhes tudo o que tenho, mas olhe para eles! São a desgraça do meu nome!

Kung-fu-Tze sorveu lentamente o chá e em seguida respondeu:

— Quem é incapaz de controlar a própria família não pode ser capaz de reger uma nação. Quem segue o caminho da virtude encontrará, dentro dos limites de seu próprio lar, uma esfera suficiente para o exercício de todos os princípios dos quais dependem um bom governo!

O nobre olhou para Kung-fu-Tze acanhado. Vendo que tinha uma oportunidade para ensinar, Kung-fu-Tze continuou:

— O relacionamento para com os pais, a esposa e os filhos é um símbolo do relacionamento harmonioso de todo o povo. O relacionamento entre o marido e a mulher é o mais importante da família; assim como o relacionamento entre o governante e o povo é o mais importante no governo.

No que Diz Respeito à Juventude

Uma tarde, quando Kung-fu-Tze e seus discípulos percorriam um caminho que dava voltas pelos campos de arroz, ouviram um fazendeiro repreendendo o filho com palavras ásperas. Quando os da Grande Escola se aproximaram, o fazendeiro estava levantando o chicote para bater no menino. Ao perceber a aproximação do grupo, ele parou e se virou.

Dirigindo-se para onde estava o fazendeiro, Kung-fu-Tze falou-lhe em particular por algum tempo. Quando terminaram, Kung-fu-Tze e o fazendeiro se curvaram um para o outro, e a Grande Escola prosseguiu em seu caminho. Chegando a uma clareira, o grupo descansou e os discípulos esperaram para ouvir a história, mas em vão. Finalmente, um discípulo não conseguiu mais se conter.
— Mestre, o que o senhor disse ao fazendeiro? O senhor o repreendeu por suas ações?

Balançando a cabeça, Kung-fu-Tze disse:
— Simplesmente lembrei a ele que a juventude deve ser tratada com respeito. Além de tudo, como podemos saber que o futuro dos filhos não será igual ao nosso presente?

Com isso, o Mestre levantou-se e continuou seu caminho.

Venerando os Anciãos

Kung-fu-Tze ensinou que os pais e os anciãos devem ser respeitados. Algumas pessoas interpretaram mal seus ensinamentos, pensando que ele queria dizer que os anciãos deviam ser idolatrados e que se devia realizar vários rituais para eles.

Ouvindo essas mentiras absurdas, Kung-fu-Tze pediu que seus alunos se reunissem à sua volta e disse:

— Respeitar os pais é reverenciar o que é bom. Reverenciando os pais, aprende-se a lealdade ao príncipe. Seus pais lhes deram o corpo, os cabelos e a pele. Cuidem deles quando forem velhos. Os pais não devem ser idolatrados, devem ser reverenciados.

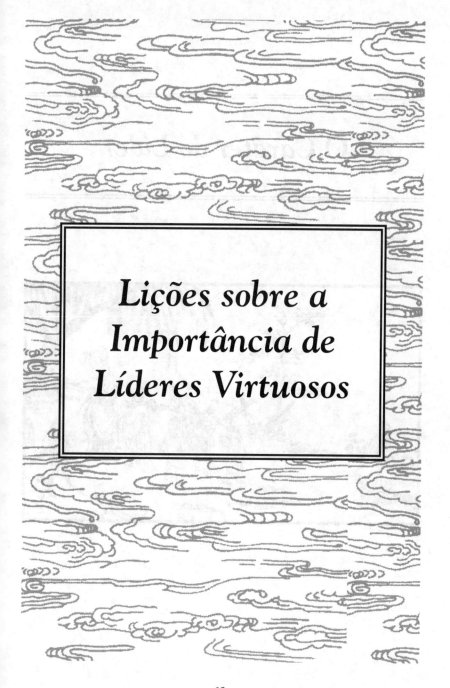

Lições sobre a Importância de Líderes Virtuosos

O Caráter do Líder

Certa tarde, os nobres estavam embriagados com o vinho da corte e começaram a reclamar do povo.
— Eles não têm fidelidade a nós! — disseram. — Não se alistarão em nossos exércitos, a menos que sejam intimados, e enterram seu dinheiro em buracos porque nossos impostos são muito altos!
— Sim — murmuraram outros —, devemos nos assegurar de ensinar a nossos filhos como lidar com os camponeses. Como viveremos se eles continuarem resistindo a se alistar em nossos exércitos e a pagar nossos impostos?
Kung-fu-Tze, que estava no palácio naquela tarde, ouviu essas palavras quando passou pelo grande jardim da corte. Não conseguindo conter-se, transpôs o jardim e disse:

— Se os filhos dos imperadores e dos príncipes não tivessem virtude, deveriam ser convertidos a pessoas comuns; as pessoas comuns que tivessem virtude deveriam ser elevadas à condição de regentes!

Ouvindo as palavras de Kung-fu-Tze, os nobres riram e disseram:
— Kung-fu-Tze, você vive num mundo ideal. Para você, tudo se baseia num ideal. No entanto, precisamos viver com o que existe! Espera que desistamos de tudo o que temos — até mesmo de nossa riqueza — por este mundo ilusório que professa?
Falando diretamente a eles, Kung-fu-Tze despertou seu interesse com estas palavras:

— Um soberano que segue o caminho da virtude primeiro deve estar alerta quanto a seu próprio caráter. Se tem caráter, o povo está com ele. Se tem o povo com ele, então tem autoridade sobre um território. Se tem autoridade sobre um território, então possui riqueza e, possuindo riqueza, pode realizar coisas. Dessa maneira, o caráter é a base enquanto a riqueza é o resultado!

Os nobres hesitaram por um momento, refletindo sobre suas palavras. Houve um silêncio embaraçoso, até que um dos nobres embriagados, com um aceno de mão, mandou Kung-fu-Tze embora.
Momentos depois da partida de Kung-fu-Tze, os sons do riso e da folia encheram novamente o jardim.

A Virtude dos Líderes

Certa tarde na corte, Kung-fu-Tze ouvia discursos após discursos dos magistrados locais. Eram promessas que ninguém pretendia cumprir. Bazófias de todos os lados. Palavras destinadas a minar os outros, cuidadosamente dissimuladas nas conversas. Considerando tudo isso muito vergonhoso, Kung-fu-Tze os repreendeu, dizendo:

— No início, as palavras dos líderes são como fios de seda; mas, quando transmitidas, transformam-se em cordas. Portanto, o grande homem não lidera com discursos superficiais. O homem excepcional não diz palavras que não sejam imbuídas em ações!

A Virtude do Líder

Depois de passar uma tarde inteira com um Príncipe explicando a importância da virtude, Kung-fu-Tze lhe fez um apelo dizendo:

— Trate o povo com carinho. Cuide para que ele tenha o suficiente para comer. Respeite os mortos. Seja bondoso, assim o povo lhe retribuirá. Seja digno de confiança, de forma que ele confiará em você. Seja diligente, assim atingirá seus objetivos. Sempre considere o interesse público em primeiro lugar.

Um pouco embaraçado, o príncipe finalmente disse:
— Kung-fu-Tze, mesmo que o senhor esteja certo, o povo terá uma vontade própria. Que importa o que eu faça? O povo nunca confiará realmente em mim nem me ouvirá!

Olhando diretamente para o príncipe, Kung-fu-Tze disse com severidade:

— A virtude do líder é como o vento. A do povo é como a grama. Deixe que o vento sopre sobre a grama, e ela certamente se curvará!

Depois de mais alguns momentos embaraçosos, Kung-fu-Tze percebeu que o príncipe perdera o interesse. Kung-fu-Tze desculpou-se, levantou-se e, pesaroso, deixou o jardim da corte. Fitando o céu vespertino, disse:

— Quem governa por meio da virtude pode ser comparado à Ursa Maior. Está sempre no mesmo lugar e todas as outras estrelas orbitam à sua volta!

Se o Bom Viesse a Governar

Um dia, viajando por uma vila, Kung-fu-Tze levantou a mão e reuniu os discípulos à sua volta. Acenando para que se sentassem, obedeceram-no calados e observaram a faina do dia. Observaram a sinceridade das pessoas enquanto se ocupavam das tarefas com muito cuidado e integridade. Testemunharam o magistrado local exigindo dinheiro de um comerciante. Observaram com horror quando um soldado se preparava para executar um condenado.

Suspirando, Kung-fu-Tze disse:

— Ver pessoas de valor e não ser capaz de promovê-las no cargo; promovê-las no cargo e não conseguir fazer isso rapidamente — isso é tratar pessoas dignas com desrespeito. Ver pessoas más e não conseguir afastá-las; afastar pessoas más e não conseguir enviá-las para longe — isso é fraqueza. Se homens bons chegassem a governar um condado por cem anos, poderiam conseguir transformar o violentamente mau e abster-se da pena capital.

Lições sobre a Importância de uma Nação Virtuosa

Sobre a Virtude
de uma Nação

Quando o Grande Cortejo das cortes passou pela região rural, os camponeses, vestidos de andrajos, suspiraram ante a opulência em exibição. Adornados com belas sedas, os carros pareciam carruagens do Paraíso. Jóias enfeitavam as camisas dos cavaleiros e cordões de ouro entrelaçavam-se nas crinas dos cavalos. Os camponeses observavam com reverência, curiosos para saber o que os nobres vestiam escondido por trás da seda! Eles nunca haviam imaginado que tamanha riqueza fosse possível! Quando o cortejo sumiu na estrada poeirenta, Kung-fu-Tze, aborrecido com a pomposa exibição, balançou a cabeça e disse:

— A prosperidade de uma nação não consiste em prosperidade material, mas em sua retidão!

Voltando-se para seus discípulos, Kung-fu-Tze disse:
— Lembrem-se disto: amealhar riqueza é dispersar o povo. Distribuir a riqueza é atrair o povo!

O Sentimento do que é Certo

Uma tarde, os nobres da corte discutiam a necessidade de leis mais severas, mais prisões e magistrados mais rigorosos. Por fim, chegou a vez de Kung-fu-Tze falar e os nobres se sentiram pouco à vontade, pois nunca sabiam o que ele iria dizer. Falando com um tom severo, Kung-fu-Tze disse:

— Se os senhores usam as leis para dirigir e controlar as pessoas, elas somente tentarão burlá-las e não desenvolverão nenhuma consciência. Mas se os senhores as guiam pela virtude e as controlam segundo os costumes, elas desenvolverão consciência e o sentimento do que é certo!

Frustrado, um dos nobres se pôs de pé e disse:
— O que o senhor está dizendo é interessante, Kung-fu-Tze, mas o povo está anárquico. Ele perdeu a consciência e o sentido do que é certo ou errado. Não é nosso trabalho restituí-los a ele, mas proteger os que obedecem às leis.

Sentindo-se ultrajado ante essa afirmação, Kung-fu-Tze levantou-se, dirigindo-se até a porta. No entanto, antes de sair, repreendeu todos os presentes, dizendo:
— Quando todos vivem na virtude e na harmonia, o governo é desnecessário!

Virtude e Poder

À s vezes, Kung-fu-Tze refletia sobre o passado. Encantados, seus discípulos ouviam atentamente, porque o Mestre ficava tão absorvido que era como se estivesse conversando com os antigos ancestrais. Olhos entreabertos, refletia sobre a era dos Grandes Reis. Quando falava dessa época, seus estudantes se sentavam em êxtase.

— Na época dos Reis Wen e Wu e do venerável Duque de Zhou, quem tinha grandes qualidades morais alcançava devidamente altas posições, notável prosperidade, notável nome e notável idade. Portanto, os que tinham a maior virtude ocupavam o melhor cargo, ainda que houvesse abundância para todos.

— Mestre — um discípulo perguntou com sinceridade —, épocas como essas existiram verdadeiramente, ou são apenas esperanças e sonhos?

O Mestre fechou os olhos; os discípulos perceberam que a lição terminara. Kung-fu-Tze parecia transportado para esse outro tempo.

A Importância da Liberdade

Um dia, Kung-fu-Tze aproximou-se de uma mulher que chorava sentidamente sobre um túmulo. Um discípulo da Grande Escola foi até ela e perguntou:
— Seu lamento é o dos que sofreram tristezas após tristezas?
— É isso — ela respondeu. — Há muito tempo o pai do meu marido foi morto por um tigre. Meu marido e agora o meu filho morreram do mesmo modo.

Aproximando-se dela, Kung-fu-Tze indagou:
— Por que a senhora não abandona esse lugar de tristeza e perigo?

Sem hesitar, ela respondeu:
— O governo aqui não é despótico.
O Mestre disse severamente a seus discípulos:

— Lembrem-se disto: o governo despótico é mais terrível que os tigres.

Lições sobre a Onipresença da Virtude no Universo

A Onipresença da Lei Moral

Kung-fu-Tze e seus discípulos passaram uma noite contemplando as estrelas. Enquanto o Mestre investigava os céus, sorriu, em seguida voltou-se para seus discípulos e disse:

— Não há lugar nos mais elevados Céus nem nas águas mais profundas onde a lei moral não seja encontrada.

À medida que mais e mais estrelas espalhavam-se pelo céu, o Mestre, perdido na grandeza do momento, continuou:

— As leis morais formam um sistema com as leis pelas quais o Céu e a Terra apóiam e compreendem e dominam e envolvem todas as coisas. Essas leis morais formam o mesmo sistema com as leis pelas quais as estações se sucedem umas às outras e o sol e a lua aparecem com as alternâncias de dia e noite. Esse é o sistema que torna o Universo impressionantemente grande.

Lembrando-se de repente de seus discípulos, Kung-fu-Tze voltou a atenção para eles. Compreendendo que estavam confusos em sua contemplação, falou-lhes diretamente à alma quando disse:

— Quando vocês e eu levamos a vida de uma pessoa moral, a expressão dessa ordem moral universal encontra sua perfeição máxima.

O Estudo mais Elevado

Depois que se passaram muitos anos, alguns dos discípulos mais fiéis de Kung-fu-Tze aproximaram-se dele e perguntaram:
— Mestre, nossos estudos nunca terão fim? Algum dia atingiremos um ponto no qual chegaremos a compreender tudo o que há para saber?

Fitando os cumes das montanhas ao longe, Kung-fu-Tze respondeu:

— O maior estudo de todos é o que nos ensina a desenvolver aqueles princípios de pureza e perfeita virtude com que o Céu nos brindou quando nascemos. Essas dádivas são nossas para que possamos adquirir o poder de influenciar os outros para o melhor. Pelos nossos preceitos e exemplo, podemos influenciar aqueles entre os quais estamos. Portanto, a vida é um estudo sem fim, porque nosso trabalho só termina quando nos tornamos perfeitos.

Ouvindo atentamente, um dos seus discípulos mais amados perguntou em seguida:
— Mestre, quando adquirimos virtude ao longo do caminho, isso acontece devido aos nossos esforços ou por causa de um poder espiritual mais elevado?

Fechando os olhos e sorrindo sutilmente, Kung-fu-Tze respondeu:
— O poder das forças espirituais no Universo está em atividade ao nosso redor! Invisível aos olhos, é inerente a todas as coisas e nada pode escapar à sua influência!

Fitando seu amado aluno, Kung-fu-Tze disse alegremente:

— Ah, não sei quanto a você, Jan Yung; mas o Céu cria a virtude dentro de mim.

Sobre a Verdade Absoluta

Sentado na encosta de uma montanha, contemplando o longínquo vale abaixo, Kung-fu-Tze e seus discípulos observavam o vôo de um falcão até ele desaparecer no horizonte. Ouviam o rumorejar do rio ecoando pelo vale. Quando o sol começou a desaparecer por trás das montanhas, um discípulo perguntou:

— Mestre, o senhor diz que a lei moral é uma parte de toda a natureza. Diga-nos, isso é verdade?

À medida que o crepúsculo começava a envolvê-los, Kung-fu-Tze respondeu:

— Verdade significa a realização do nosso eu; e lei moral significa seguir a lei do nosso ser. Sem verdade não há existência material. Essa é a razão pela qual a pessoa moral estima a verdade.

Quando as primeiras estrelas começaram a aparecer, Kung-fu-Tze continuou:

— A verdade absoluta é indestrutível. Sendo indestrutível, é eterna. Sendo eterna, existe por si mesma. Existindo por si mesma, é infinita. Sendo infinita, é vasta e profunda. Sendo vasta e profunda, é transcendental e inteligente. É por ser vasta e profunda que contém toda a existência. Por ser transcendental e inteligente abrange toda a existência. Como é infinita e eterna preenche ou aperfeiçoa toda a existência. Em vastidão e profundidade é como a Terra. Em inteligência transcendental é como o Céu. Infinita e eterna, é o próprio infinito!

Atônitos, os discípulos continuavam sentados em silêncio, tentando perceber o significado das palavras do Mestre. Em certas épocas, ele parecia afastado do mundo, pairando num mundo só seu.

Enquanto o tempo passava e as estrelas enchiam o céu, os discípulos ouviram Kung-fu-Tze sussurrar:

— Tudo é Uma Coisa Só.

A Grande Harmonia

Quando rumores de guerra e genocídio em províncias distantes começaram a circular pela Grande Escola, um discípulo perguntou:

— Mestre, houve um tempo em que não havia guerras? Um tempo em que toda a humanidade vivia em paz?

Interrompendo a leitura de um texto antigo, Kung-fu-Tze assentiu:

— Sim — respondeu solenemente. — Nos tempos dos Reis Wen e Wu durante a Grande Era Dourada da China, houve uma época chamada A Grande Harmonia.

O discípulo observou o Mestre atentamente. Ele sabia pela postura e interesse do Mestre que um ensinamento estava prestes a chegar.

Com um olhar pensativo, como se estivesse se lembrando desse tempo longínquo, Kung-fu-Tze sussurrou:

— Quando A Grande Harmonia, o Tao, prevalecia, o mundo era comum a todos. Os talentosos e virtuosos eram escolhidos, a confiança mútua era enfatizada e cultivava-se a fraternidade. Por esses motivos, as pessoas não respeitavam como pais só os seus próprios pais, nem tratavam como filhos e filhas só os seus próprios filhos e filhas. Aos anciãos assegurava-se uma provisão adequada até a morte, para os fisicamente aptos havia emprego e os jovens tinham meios de se desenvolver. Bondade e compaixão eram expressos às viúvas, órfãos, homens sem filhos e feridos, de forma que todos eram alvo de cuidados. Homens e mulheres tinham seus respectivos deveres. Odiavam ver a riqueza esbanjada, embora não a acumulassem para uso próprio. Não odiavam empregar suas energias e ainda as usavam em benefício de outros. Desse modo, os planos egoístas eram reprimidos e não podiam se desenvolver. Não apareciam assaltantes, ladrões e traidores rebeldes, portanto, as portas da frente sempre ficavam destrancadas. Essa foi a era da assim chamada A Grande Harmonia.

Lições sobre o Poder dos Atos Virtuosos Cotidianos

O Poder das Pequenas Ações

Os discípulos da Grande Escola constantemente se divertiam com as idiossincrasias de Kung-fu-Tze. Ele estava sempre comentando sobre a importância dos rituais, das cerimônias e do desenvolvimento de hábitos adequados. Certo dia, quando a Grande Escola estava atrasada para um encontro na corte, Kung-fu-Tze zelosamente colocou uma moeda na tigela de um mendigo. Momentos depois, parou e falou com uma mãe em dificuldades na rua.

— Mestre — um dos discípulos implorou —, por que o senhor precisa fazer todas essas coisas agora? Estamos atrasados para a corte, onde temos oportunidade de fazer algo de muito maior impacto!

Surpreso com o comentário do estudante, Kung-fu-Tze calmamente opôs-se, dizendo:

— Tseng-Shen, estou surpreso com o seu comentário. Você certamente sabe que as pequenas ações praticadas com o coração são as que levam a grandes atos!

A Elevada Consideração da Bondade

Quando histórias de duelos, assassinatos e traições na corte começaram a se insinuar na região rural, os discípulos discutiram como responder. Cada discípulo acreditava que uma virtude diferente era a resposta correta. Alguns defendiam a coragem. Outros a disciplina de si mesmo. Alguns exaltavam a sinceridade.

A discussão tornou-se acalorada e o Mestre, atraído à cena pela intensidade do diálogo, assistia encantado. Ele gostava de ver seus discípulos debatendo as virtudes. Finalmente, notando sua presença, eles se voltaram e perguntaram:

— Mestre, há alguma virtude que poderia ser incorporada como meio de vida?

Colocando a mão sobre o coração, Kung-fu-Tze replicou:

— Essa virtude não é a bondade?

Imediatamente, os discípulos começaram a debater a eficácia da bondade. Quando todos tiveram oportunidade para falar, um discípulo disse:

— Mas, Mestre, devemos sempre responder à vida com bondade? Como devemos responder a palavras ásperas ou a atos que magoem?

Com os olhos cintilando porque o debate provocou essa questão importante, Kung-fu-Tze respondeu:

— Responda à bondade com bondade. Responda à injúria com justiça.

O Poder do Invisível

Noite após noite, Kung-fu-Tze podia ser encontrado mergulhado em textos antigos. As lanternas em sua cabana pareciam queimar eternamente. Tomando muitas notas, ele buscava o conhecimento do que havia gerado a grandeza na Terra de Chin nos tempos dos Grandes Reis Wen e Wu. Um dia, pela manhã, depois de o Mestre ter mais uma vez passado a noite revendo os textos dos antigos, um discípulo perguntou:
— Mestre, devo perguntar, por que o senhor passa tanto tempo estudando as palavras, os rituais e os costumes de nossos ancestrais? E por que acha que é tão importante conhecer os detalhes do ritual, da música, da poesia e da indumentária? Alguns dizem que o senhor se ilude com todo o seu estudo.

Kung-fu-Tze, com um olhar distante, respondeu com grande convicção:

— Não há nada mais visível do que o invisível — nada mais óbvio do que o que é pequeno!

O Tema Central

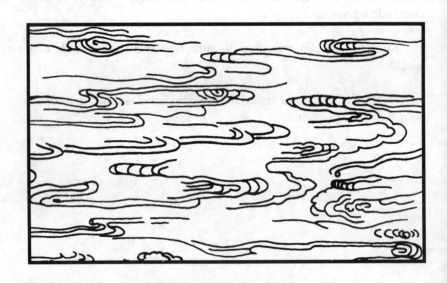

— Mestre — perguntou um discípulo certo dia —, não há um tema central que envolve todos os seus ensinamentos? Um tema que poderia ser resumido em uma única palavra?

Kung-fu-Tze respondeu imediatamente:

— Não seria essa palavra reciprocidade?

— Mestre — o discípulo estava surpreso —, reciprocidade? Não é simplesmente dar e receber?

O Mestre balançou a cabeça levemente.
— Ah, reciprocidade — ele sussurrou — é muito mais que isso.
Em seguida, com um movimento de mão, explicou:
— Se não houvesse comunicação entre o Céu e a Terra, as coisas não cresceriam nem floresceriam. Veja como a reciprocidade funciona na natureza. Água e fogo se ajudam mutuamente; trovão e ventos não agem em oposição um ao outro; montanhas e grandes porções de água alternam suas influências. É desse modo que conseguem mudar, transformar e aperfeiçoar todas as coisas.

— Mestre — o discípulo respondeu, lentamente —, estou começando a entender como essa força atua no mundo material. Mas como aplicá-la à nossa vida diária e à nossa busca pela virtude?

— Ah — disse o Mestre, sorrindo —, seguindo essa simples regra, você viverá uma vida de reciprocidade.

Respirando profundamente, o Mestre sussurrou:

— Não faça aos outros aquilo que você não desejaria que os outros fizessem a você.

Lições sobre o Poder da Música, do Ritual e das Boas Maneiras para Cultivar a Virtude

O Poder do Ritual e da Música

Depois de uma agradável tarde ouvindo música na corte, um discípulo perguntou:

— Mestre, o senhor sempre nos diz que a música, os rituais e a cerimônia corretos são muito importantes. Como isso se relaciona com o resto da vida?

Ainda absorto pela música, o rosto de Kung-fu-Tze fulgurou de felicidade quando disse:

— Tudo o que se precisa fazer é simplesmente compreender os rituais e a música e depois aplicá-los ao governo.

Perplexo, o discípulo replicou:
— Humildemente, confesso que ainda não entendi.

Refletindo por um momento, Kung-fu-Tze continuou:

— Pelos rituais e pela música, as coisas se corrigem. Quando tudo foi corrigido, encontramos o nosso centro moral. Quando o encontramos, o mesmo ocorre naturalmente com a paz política e governamental.

Começando a vislumbrar clareza nas palavras do Mestre, o discípulo perguntou:
— Mas, Mestre, e com relação às cortes e aos países que não prestam atenção à música e que permitem que suas cerimônias e rituais se tornem confusos?

Muito sério, o Mestre respondeu:

— A música dos países pacíficos e prósperos é calma e alegre e o seu governo é disciplinado; a música de um país em tumulto demonstra insatisfação e raiva e seu governo é caótico; a música de um país destruído demonstra tristeza e lembrança do passado e o povo está perturbado. Portanto, a música, o ritual e a cerimônia estão relacionados um com o outro.

Em seguida, com um olhar pensativo, disse:
— O país com as formas mais elevadas de música e arte será a cultura que perdurará.

O Efeito Transformador das Boas Maneiras

Sempre que os discípulos da Grande Escola jantavam juntos, Kung-fu-Tze exigia que suas maneiras fossem perfeitas. Alguns da Grande Escola riam e comentavam:
— Como podemos apreciar a refeição quando temos de fazer tudo de acordo com as regras exatas de conduta?

Depois de uma refeição, um discípulo que então recentemente se havia unido à Grande Escola disse:
— Mestre, na vila de onde venho, as boas maneiras não são consideradas muito importantes. Comemos para apreciar a comida! — Em seguida, rindo, disse: — Não consideramos isso uma cerimônia de Estado!

Divertindo-se com a brincadeira, Kung-fu-Tze fitou o novo discípulo e disse:
— Ah, o poder das boas maneiras e das cerimônias é muito pouco compreendido.
Depois, aumentando o volume da voz de forma que todos os discípulos pudessem ouvir, o Mestre disse:

— O poder transformador e educacional das boas maneiras é o mais sutil. Elas refreiam a depravação antes que ela tome forma. Fazem com que uma pessoa diariamente se incline para o bem e se mantenha afastada do erro, sem nem mesmo estar ciente disso!

Em seguida, com um olhar na direção do discípulo que havia falado, o Mestre inclinou a cabeça e continuou sua refeição.

A Voz Interior da Alma

Depois de ouvir uma maravilhosa interpretação dos músicos da corte, alguns dos quais educados por Kung-fu-Tze, o Mestre polidamente recusou o primeiro prato da refeição vespertina.

Surpresos, os discípulos viram como Kung-fu-Tze continuou recusando todos os pratos seguintes. Preocupado com o bem-estar do Mestre, um discípulo perguntou:
— Mestre, por que recusa todos os pratos? Está doente?

Depois de uma pausa, Kung-fu-Tze replicou:
— Como se pode comer depois de ouvir essa música tão enlevada?
— Depois, como se estivesse falando consigo mesmo, disse: — A música é a voz interior da alma.

Por três dias, o Mestre quase não falou e não aceitou comida.

Como o Ritual e a Música Podem Produzir Harmonia

— Por meio do ritual e da música as coisas se harmonizam! — o Mestre proclamou depois de uma agradável tarde na corte. Os discípulos sorriram. Eles gostavam de ver o Mestre se divertindo.

— Mestre — perguntou um dos discípulos, com um sorriso de expectativa —, explique-nos novamente de que modo a música e o ritual nos ajudam a encontrar nosso verdadeiro eu.

Kung-fu-Tze sorriu. Ele sabia que seus alunos já haviam entendido essa relação, mas encantavam-se em fazer-lhe perguntas que sabiam que ele gostava de responder.

— Por meio do ritual e da música as coisas se harmonizam. Quando tudo está em harmonia, encontramos nosso centro moral. Quando o encontramos, segue-se naturalmente um governo político pacífico.

— Mestre — disse outro discípulo —, agora nos fale sobre a relação entre a música e o ritual e entre o Céu e a Terra!

Kung-fu-Tze sorriu e fitou seus discípulos com grande amor. Observando a grande alegria deles com essa atitude do colega, respondeu:

— A música expressa a harmonia do universo, enquanto os rituais expressam a ordem do universo. Pela harmonia, todas as coisas são influenciadas e pela ordem todas as coisas têm um lugar adequado. A música nasce do Céu e os rituais são formados na Terra.

Com isso, o Mestre curvou-se e os discípulos retribuíram seu cumprimento. Por um momento, o Mestre e os discípulos da Grande Escola eram um.

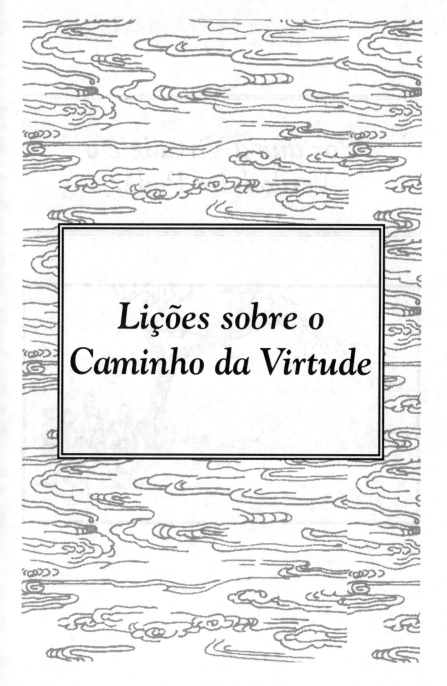

Lições sobre o Caminho da Virtude

Por que a Virtude é o Verdadeiro Poder

Certa manhã, depois de o Mestre ter falado minuciosamente sobre o poder da virtude e a importância de se levar uma vida virtuosa, um discípulo, que recentemente se unira à Grande Escola, balançou lentamente a cabeça e disse:

— Mestre, a virtude é realmente uma força poderosa. Mas olhe à nossa volta. Vivemos em tempos incertos. A mudança não ocorrerá por causa do que o senhor ensina. Suas palavras são agradáveis, mas supõem coisas demais. São necessários exércitos e riqueza para criar as mudanças que queremos. Primeiro, obtemos poder. Quando tivermos poder, teremos o respeito do povo. Então ensinamos o caminho da virtude.

Alguns discípulos assentiram em sinal de concordância. Eles eram oriundos de vilas e fazendas e muitos levaram uma vida muito árdua. Tinham testemunhado que os poderes político e militar é que mudavam o mundo. Esses discípulos disseram o que se passava em sua mente. Observando o Mestre, esperaram ansiosamente pela resposta.

Depois de considerar com cuidado as palavras do discípulo, Kung-fu-Tze respondeu calmamente:

— Deve-se primeiramente adquirir virtude dentro da alma e depois se adquirirá o verdadeiro poder.

— Mas, Mestre — replicou o discípulo —, o senhor não compreendeu! Sem conseguir poder em primeiro lugar, nunca mudaremos o mundo! Olhe para os nobres: eles fazem o que querem porque têm poder. Sem esse poder, não podemos ajudar os humildes camponeses e os aldeãos. A menos que tenhamos esse poder, a vida não vale a pena ser vivida!

Adotando uma atitude severa, o Mestre inclinou-se para o discípulo, enquanto dizia:

— Desde o Filho do Céu (o Imperador) até as pessoas comuns, todos devem primeiro considerar o cultivo do próprio eu como a raiz. Com a raiz em desordem, os ramos não poderão estar em ordem!

Observando com atenção o rosto de seus discípulos enquanto eles absorviam suas palavras, Kung-fu-Tze disse suavemente, mas com voz bem alta para que todos pudessem ouvir:

— Sem virtude, não sei como um homem consegue viver.

O Padrão Imutável

Às vezes, alguns chegavam à Grande Escola e ridicularizavam abertamente Kung-fu-Tze e seus ensinamentos. Certa tarde, três desse grupo falavam depois de uma das lições do Mestre:

— Ah! — disse um —, ele acredita que devemos estudar o passado e os hábitos de nossos ancestrais para encontrar a sabedoria!

— Ah, sim — murmurou outro —, ele fala de mudança, mas só oferece enigmas de seus estudos e não soluções para o futuro.

— Sim — concordou o terceiro —, ele pertence a outra era e a outra época. Seus ensinamentos não podem ser entendidos! As pessoas nunca corresponderão!

Nesse momento, sentindo uma presença, voltaram-se e ficaram atordoados ao verem Kung-fu-Tze atrás deles. Fitando atentamente os três, disse estas palavras diretamente às suas almas:

— Em tempos de mudança, os que seguem o caminho da virtude trazem de volta o padrão imutável e, por ser esse correto, as massas despertam para a virtude!

Sem fala, os três curvaram-se e saíram apressadamente. Ouvindo o eco de suas risadas pela região rural, Kung-fu-Tze fitou a fumaça das fogueiras voluteando no céu noturno e disse:

— Agora sei por que a vida moral não é praticada. O sábio enganou-se ao pensar que a lei moral era maior do que realmente é, e o tolo não sabe o que a lei moral realmente é. Eu sei por que a lei moral não é compreendida. A natureza nobre quer viver muito acima de seu eu moral comum e a natureza ignóbil não vive alto o suficiente — não para seu verdadeiro eu moral comum. Não existe quem não coma e não beba. Mas há poucos que realmente conhecem o sabor.

A Força Impulsora da Virtude

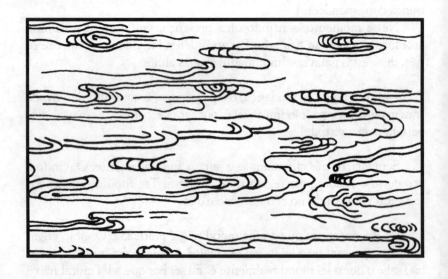

— Ah, Mestre — um discípulo perguntou, desanimado —, temos de viver sozinhos? Parece que muitos chegam à nossa escola somente para partir.

O Mestre sorriu bondosamente e respondeu:
— A virtude sempre vive sozinha. E sempre atrai companhia.

O Caminho Pessoal

Algumas vezes, discípulos que seguiam a Grande Escola por muitos anos ficavam inquietos e diziam:

— Mestre, o senhor está nos instruindo bem nos caminhos da virtude. Sabemos que estamos sendo preparados para entrar em serviço algum dia. Mas que caminho escolhemos? Qual o mais importante? Devemos ser oficiais do governo, educadores ou deveríamos entrar para o serviço religioso?

Sendo da opinião de que cada discípulo tem seu próprio caminho e seu próprio rumo escritos no coração, Kung-fu-Tze acreditava que as missões pessoais na vida seriam descobertas com a busca do conhecimento de si mesmo. Apontando para o coração, Kung-fu-Tze respondeu:

— O propósito do Céu está contido na nossa natureza. Cada um tem seu destino natural.

Então, às vezes, o lado místico de Kung-fu-Tze emergia:

— Todos podem trilhar o caminho da virtude, mas essa virtude pode fazer com que se siga uma jornada onde até mesmo o Sábio é um forasteiro.

O Estudo da Virtude

— Mestre — implorou um discípulo deprimido —, por que o senhor enfatiza o estudo e o cultivo da virtude na mente? Há quem considere ser suficiente levar uma vida de virtude e que essa vida pode ser alcançada sem todos os estudos que o senhor recomenda.

— Ah, Ten-sing — o Mestre respondeu —, tudo na vida é uma questão de equilíbrio. Se a pessoa ama a bondade mas não ama o estudo, seu defeito será a ignorância. Se a pessoa ama a sabedoria mas não ama ideais firmes, seu defeito será ter ideais extravagantes. Se a pessoa ama a honestidade e não ama o estudo, seu defeito será uma tendência a prejudicar ou perturbar as coisas. Se a pessoa ama a simplicidade mas não ama o estudo, seu defeito será ser um simples seguidor de rotinas. Se a pessoa ama a coragem e não ama o estudo, seu defeito será a indisciplina ou a violência. Se a pessoa ama um caráter decidido mas não ama o estudo, seu defeito será a vontade própria ou a crença obstinada em si mesmo.

Lições sobre a Descoberta de Si Mesmo

As Três Perguntas

Certo dia, um discípulo, com sua manta de viagem na mão, aproximou-se do Mestre e disse:
— Mestre, tenho um grande peso no meu coração. Os outros estão muito mais adiantados e são mais instruídos do que eu. Parece que eles entendem as suas palavras mais facilmente do que eu. Não acredito que eu deva fazer parte da Grande Escola. Decidi que preciso partir, mas senti que seria honesto de minha parte vir até o senhor dizer-lhe isso.

Depois de fitar o discípulo por algum tempo, o Mestre disse:
— Quais são as três perguntas que um discípulo da Grande Escola faz a si mesmo no final de cada dia?

O discípulo respondeu rapidamente:
— As três perguntas que o discípulo faz a si mesmo todos os dias são: "Ajudei os outros?", "Sou um amigo verdadeiro?", "Transmiti o que me foi ensinado?"

Balançando a cabeça afirmativamente, o Mestre disse:
— Você se lembra de ter feito a si mesmo essas perguntas todos os dias?

O discípulo inclinou a cabeça enfaticamente e disse:
— Sim, é claro!

Sorrindo, Kung-fu-Tze respondeu:
— Então você está a caminho de ser um aluno da Grande Escola. Você está a caminho de cultivar a virtude no seu coração.

Lágrimas apareceram no canto dos olhos do discípulo. Fitando o horizonte para que ele não ficasse embaraçado, o Mestre disse:

— É a virtude no interior da pessoa que torna o caminho importante. Não é o caminho que torna a pessoa importante!

Regozijando-se interiormente, o discípulo curvou-se em agradecimento e voltou à sua cabana.

Em Épocas de Perigo

— Mestre — o discípulo perguntou —, nesse mundo onde há tanto perigo e tentação, como se pode seguir o Caminho do Meio e o caminho da virtude?

O Mestre fitou atentamente o discípulo e não disse uma palavra. Constrangido, o discípulo continuou:

— Quando eu visito as cortes, vejo dinheiro sendo trocado por favores. Quando caminho pelas aldeias, vejo toda forma de sedução. Como se pode esperar viver uma vida de virtude em épocas como esta?

O Mestre respondeu com as seguintes palavras:

— Se você segue o caminho da virtude, precisa cultivar incessantemente o seu ser moral. Você não pode, nem mesmo no intervalo de uma simples refeição, agir de modo contrário à virtude. Em momentos de pressa, deve manter-se fiel a isso. Em épocas de pressa, deve manter-se fiel a isso!

Conquistando o Nosso Eu
Apenas por um Dia

— Ah, Mestre — perguntou um discípulo frustrado —, o caminho da virtude não terá de ser percorrido por séculos até que se torne um modo de vida?

Sem hesitar nem um momento, Kung-fu-Tze deu esta convincente resposta:

— Se nós que estamos aqui conseguíssemos vencer o nosso eu e nos voltar para a virtude apenas por um dia, toda a humanidade se voltaria para a virtude por toda a vida!

Surpresos com suas palavras, os discípulos começaram a discutir essa possibilidade.

Fitando seus discípulos, o Mestre sussurrou carinhosamente:

— Ah, viver somente com o virtuoso! Não consigo imaginar destino mais feliz!

Sobre a Responsabilidade Pessoal

Certa manhã, alguns discípulos da Grande Escola estavam discutindo. Cada um considerava o outro culpado por nenhum deles ter levantado suficientemente cedo para ouvir a lição da manhã. Como o debate ia ficando cada vez mais ruidoso, Kung-fu-Tze aproximou-se dos discípulos e acenou para que o seguissem.

Pegando um arco e uma aljava com flechas, Kung-fu-Tze levou os discípulos para um campo de prática de arco e flecha. Cerimoniosamente, colocando a flecha no arco e puxando bem devagar, sua primeira flechada cruzou o campo e atingiu o centro exato do alvo. Preparando outra flecha, Kung-fu-Tze novamente a fez cruzar o campo e, também essa, atingiu o centro do alvo. Pondo uma terceira flecha, Kung-fu-Tze deixou que essa voasse e ela atingiu a borda externa do alvo.

Voltando-se para seus discípulos, Kung-fu-Tze disse:

— Quando o arqueiro não mira certo e perde o alvo, ele não culpa ninguém, mas assume ele mesmo a responsabilidade.

Deixando os discípulos ponderando sobre essas palavras, Kung-fu-Tze atravessou o campo.

Sobre Virtude e Nuvens Brancas

Muitos discípulos de Kung-fu-Tze orgulhavam-se de memorizar todos os hábitos dos ancestrais. Certa tarde, um discípulo estava recitando antigos costumes a um grupo de novos discípulos, obviamente impressionados.

Observando o discípulo por algum tempo, Kung-fu-Tze voltou-se e disse aos outros:

— Adquirir conhecimento sem desenvolver nenhuma virtude nada mais é do que nuvens brancas.

O discípulo que estava recitando o conhecimento curvou-se. Não tomou isso como ofensa; pelo contrário, refletiu sobre as palavras do Mestre e, reconhecendo seu valor, pensou: "Como é importante o ensinamento de Kung-fu-Tze!"

O Final que se Tornou um Começo

O Reaparecimento do Unicórnio Sagrado

Depois de viajar pela China por muitos anos, Kung-fu-Tze foi chamado à corte, na sua cidade, na Província de Lu. Os nobres queriam que Kung-fu-Tze identificasse um animal que eles haviam matado numa caçada naquela tarde. Quando Kung-fu-Tze viu o animal, compreendeu imediatamente sua importância. Era um unicórnio sagrado!

Lembrando-se de que sua mãe sonhara com um unicórnio na véspera de seu nascimento, Kung-fu-Tze sabia que aquilo era um sinal de que sua vida estava chegando ao fim. Embora sua vida tivesse sido posta em evidência e seu objetivo fosse proporcionar um caminho que transformasse o seu país, ele estava profundamente desanimado porque sentia que não havia realizado a sua missão.

Lamentando o que considerava ser o seu fracasso, disse a seus discípulos:

— Sou como uma orquídea escondida. Meus ensinamentos floresceram, mas ninguém pode vê-los ou apreciar sua fragrância!

As Últimas Palavras de Kung-fu-Tze

Quando os discípulos da Grande Escola se reuniram em torno de Kung-fu-Tze, passaram por momentos difíceis acreditando que o Mestre estava prestes a deixar esta vida. Cada discípulo que abraçara verdadeiramente seus ensinamentos avaliava o quanto estava preparado para levar sua mensagem ao mundo, percebendo que para seus ensinamentos sobreviverem, seria responsabilidade deles transmitir aquela mensagem ao mundo.

Em seus últimos suspiros, Kung-fu-Tze sussurrou tristemente:

— Ninguém continuará a divulgar meus ensinamentos?

Essa questão é tão relevante hoje quanto há 2.500 anos.

O Legado de Kung-fu-Tze

Depois da morte de Kung-fu-Tze, algo extraordinário aconteceu. Os nobres e príncipes que haviam recusado seus ensinamentos de repente os abraçaram com toda a sinceridade. Ofendidos com sua franqueza enquanto ele estava vivo, finalmente não conseguiram negar as verdades que ele ensinou. Logo, os discípulos de Kung-fu-Tze foram nomeados para altos cargos por todo o país. Atuando em áreas da educação, do governo, da religião, das artes e em todos os outros setores da sociedade, seus ensinamentos começaram a difundir-se em todos os níveis da vida chinesa.

O legado que Kung-fu-Tze deixou foi de bondade, sinceridade e de busca incessante pela verdade. Seu legado penetrou na corrente sangüínea das pessoas e elevou muito a cultura chinesa.

Refletindo sobre as realizações da cultura chinesa, principalmente seu desenvolvimento nas ciências, nas artes e na filosofia, o filósofo do século XVIII Count Keyserling observou:

— A China criou a mais elevada cultura universal até agora conhecida... a grandeza da China me surpreende e me impressiona cada vez mais... o grande homem desse país tem um nível cultural mais elevado que o nosso... O chinês é talvez o mais profundo dos homens.

A vida de Kung-fu-Tze não foi vivida em vão como, lamentavelmente, ele pensou. Em cada uma de suas lições, ensinou que a virtude (Te) era poder. Ensinou que, abraçando a virtude em primeiro lugar, a pessoa, independentemente de sua posição ou poder, mudaria finalmente o mundo. Ensinou que a alma poderia ser educada para ser virtuosa e que cada lição tinha, em sua raiz, poder para transmitir a virtude.

Talvez sua grande dádiva fosse o seu exemplo. Ele não só professou o caminho da virtude, mas buscou viver segundo ela. Fazendo isso, redefiniu a noção de poder. Seus ensinamentos afirmam que todos os homens e mulheres são criados iguais e que, cultivando a virtude na alma, qualquer pessoa pode dar uma profunda contribuição ao mundo.

BIBLIOGRAFIA

Brash, Graham. *The Sayings of Confucius*. PTE Ltd.: 1983

Durant, Will. *Our Oriental Heritage*. Simon & Schuster: 1935

Hoobler, Thomas e Dorothy. *Confucianism*. Facts on File: 1993

Hsieh, Tehyi. *Confucius Said It First*. Chinese Service Bureau: 1936

Hubbard, Elbert. *Little Journeys*. Roycrofters: 1916

Klein, Betty. *Confucius*. Thomas Nelson. Inc.: 1971

Smith, Huston. *The Religions of Man*. Harper & Brothers: 1959

The Spirit of the Chinese Character. Chronicle Books: 1992